ADRESSE

A Son Excellence

M. LE MARÉCHAL DE MAC-MAHON

DUC DE MAGENTA

GOUVERNEUR GÉNÉRAL

DE L'ALGÉRIE

Prix : 50 centimes

ALGER

IMPRIMERIE CENTRALE ALGÉRIENNE. — EUG. GARAUDEL

RUE BRUCE, 9

1866

MONSIEUR LE MARÉCHAL,

Privés de toute représentation, les Algériens n'ont point de mandataires attitrés qu'ils puissent envoyer vers vous. Cette anomalie ne saurait leur faire perdre le droit primordial de s'occuper, autant qu'ils le peuvent, de leurs propres affaires, ni de les obliger à garder le silence dans des conjonctures si graves pour leur avenir.

Nous ne craignons pas de prendre la parole pour nos concitoyens, assurés qu'ils ne nous désavoueront pas et que, s'ils pouvaient s'exprimer légalement, ils ratifieraient notre démarche.

Les Algériens, disions-nous, n'ont pas de représentant. Nous nous trompions; ils en ont un, qui est leur intermédiaire naturel auprès de l'Empereur. Ce représentant, Monsieur le Gouverneur, c'est vous, non-seulement par les fonctions que vous remplissez, mais encore et surtout par la confiance unanime avec laquelle l'Algérie vous a demandé et vous a vu venir.

Le pays souffre cruellement de l'incertitude qui pèse sur son avenir.

Il est surpris et, nous osons le dire, blessé de l'ignorance absolue où on le laisse de toutes les mesures qui intéressent sa prospérité ou son existence. Aucune lumière ne lui est fournie; aucun avis ne paraît devoir lui être demandé; il est, comme s'il n'était pas. De toutes les promesses qui lui ont été faites, aucune ne se réalise, et rien ne prouve que les menaces qui lui ont été adressées par les ennemis de son existence ne reçoivent au moins un commencement d'exécution.

Ce n'est pas céder à une vaine curiosité, Monsieur le Gouverneur, que de demander si la restauration du droit électoral et l'émancipation de la commune, tant de fois annoncées, en dernier lieu formellement promises par la lettre de l'Empereur, sont enfin sur le point de s'accomplir. Il serait grand temps, dans l'intérêt des finances des communes, de mettre un terme à l'administration des commissions municipales. Nous prions Votre Excellence d'agir, dans la mesure du possible, pour hâter une réforme si nécessaire.

Le mode de régler le droit électoral, chez les indigènes, mérite une étude particulière, sans offrir cependant aucune difficulté sérieuse. Mais, quelle que soit la solution de cette question, Votre Excellence a trop de patriotisme pour ne pas comprendre la nécessité de faire prédominer l'élément européen au sein des conseils.

Quant aux étrangers, il nous semble qu'un stage de trois ans dans la Colonie devrait suffire pour leur conférer le droit municipal. Le Sénatus-Consulte du 23 Juillet 1865 a posé le principe de ces solutions; mais il reste à régler bien des points de détail. Notons que les formalités pour parvenir à l'obtention du droit municipal ou de la qualité de Français devraient être aussi simplifiées que possible, si l'on veut que les Étrangers viennent à nous. Des formalités compliquées ou coûteuses auraient pour résultat certain de les écarter. Une simple déclaration à la commune de la résidence, un diplôme délivré par le Conseil de Préfecture, réaliseraient cette simplicité de formes que nous recherchons.

Ce que nous disons des Conseils municipaux s'applique à plus forte raison aux Conseils Généraux, aujourd'hui simples commissions administratives, sans mandat, sans autorité et dont, par oubli sans doute, il n'est pas fait mention dans la lettre de l'Empereur.

En revanche, Sa Majesté promet la suppression des Douanes à l'intérieur, et à l'extérieur et la liberté complète de commerce et de navigation. Sans nous exagérer les résultats de cette innovation, tant que des mesures générales n'auront pas été prises pour développer parallèlement la production et la consommation locales, nous croyons cependant que cette suppression de barrières serait dès à présent extrémement utile. Mais il y· a pour cela plusieurs conditions essentielles.

C'est d'abord, que la libre entrée de nos produits en France ne soit pas compromise par la libre entrée des produits étrangers en Algérie. Autrement, cette innovation qui nous ferait perdre notre principal marché, nous serait funeste. A cet égard, d'ailleurs, nous avons la parole de l'Empereur. En outre, la réforme devrait être préparée par quelques transitions, un délai de six mois par exemple, afin que les négociants qui auraient noué des affaires sur le pied du régime actuel ne fussent pas ébranlés par un revirement économique trop soudain.

Enfin, nous faisons observer à Votre Excellence que les bons effets de la franchise des ports seraient complètement annihilés par le maintien de l'octroi de mer que l'Empereur, par mégarde, nous le croyons, annonce devoir être conservé « comme ressource pour les villes. » Que le produit de l'octroi de mer entre dans la caisse des communes au lieu d'entrer dans celle de l'État, peu importe, ce n'en est pas moins, au même titre que la Douane, une entrave au commerce d'importation et à la vie à bon marché. Et puis, la Douane supprimée, son personnel qui, aujourd'hui, perçoit moyennement un assez faible abonnement, le produit de l'octroi de mer serait conservé à la charge des communes pour la perception de l'octroi et absorberait en frais généraux le plus clair de cette ressource.

Mais comment remplacer l'octroi de mer? Le cadre trop limité de cette adresse ne nous permet pas de l'examiner. Certes il y aurait plus d'un moyen, et le premier serait de supprimer les commissions municipales et de laisser à l'élection le soin d'établir une administration plus économe des deniers publics.

A ces conditions, nous avons foi que la liberté commerciale, si elle porte préjudice à un certain nombre de négociants ou de fonctionnaires en Algérie et d'industriels en France, sera un bienfait pour les Algériens, et qu'elle donnera un élan nouveau à la Colonie. Elle tournera même grandement à l'avantage de l'agriculture, en lui permettant d'écouler avec bénéfice des produits naturels, tels que le tabac, dont l'administration, par son système d'achats, tend à rendre la culture impossible.

Au surplus, dans une question économique de cette importance, il est d'usage de procéder par voie d'enquête, d'appeler tous les intérêts engagés à se faire connaître et à discuter publiquement.

Le Sénatus-Consulte de 1863 a prescrit la constitution de la propriété individuelle, à la place de la jouissance communiste des tribus, « *dans le plus bref délai possible.* » Nous appuyons de tous nos vœux, la réalisation de cette mesure, l'une des plus énergiques qui soient pour arrêter la décrépitude matérielle et morale de la race arabe. Nous supplions Votre Excellence de veiller à ce que les ennemis des colons et des Arabes, se couvrant d'un masque de protection à l'égard de ces derniers, ne parviennent point à fausser, dans la pratique, les termes si clairs du Sénatus-Consulte.

Les opérations des Commissions et Sous-Commissions dans les tribus ont donné lieu à un grand nombre de revendications de la part des indigènes. Ces revendications, non suivies d'opposition dans le délai d'un mois, ont eu pour résultat immédiat de dégager autant de propriétés privées, les unes divises les autres indivises entre les membres d'une même famille. Ces opérations prouvent encore, par une induction certaine, qu'il existe, en territoire militaire, une foule de propriétés privées, là où on ne croyait trouver que des communaux de tribus ou des terrains vagues. C'est là, sans doute, ce qu'exprimait M. le général de la Rüe, au Sénat, dans la séance du 14 Février dernier, lorsqu'il disait que « la propriété individuelle existe déjà *dans la presque totalité de la province d'Alger,* dans une grande partie de celle d'Oran et dans toutes les parties montagneuses de la province de Constantine. »

Divises ou indivises, reconnues ou non reconnues, pourvu qu'elles existent, ces propriétés doivent rentrer de plein-pied dans le droit commun. Rien ne s'oppose à ce qu'elles puissent être l'objet d'un partage, conformément à l'article 815 du Code Napoléon ou d'une libre transmission de la part de leurs propriétaires.

Ce droit peut d'autant moins être méconnu aux Arabes, que le Sénatus-Consulte du 23 Juin 1865, qui ne doit pas être un vain mot, les a déclarés Français et, par suite, aptes à invoquer les dispositions du droit commun français. Si des contestations surviennent à la suite de ces transactions, ici comme en France, n'y a-t-il pas des juges, et le recours à la justice du pays n'est-il pas sur une terre civilisée, la raison dernière de tous ceux qui se disent opprimés ou lésés ? Il serait inconcevable, surtout en présence des dispositions exprimées dans le préambule de la lettre de l'Empereur, que des Français, habitant une terre française, ne pussent disposer de leurs propriétés et les transmettre si bon leur semble à d'autres Français.

De cette libre transmission de la propriété sur toute la surface du territoire, transmission qui n'est, après tout, que l'exercice d'un droit naturel et sacré, absolument indispensable à la vie économique et sociale d'un peuple, résulterait comme premier avantage le rapprochement des

deux races que l'Empereur indique comme but à poursui-
vre, dans son dernier discours du trône, mais que nul ne
souhaite autant que nous.

Sans vouloir, tant s'en faut, approuver tous les faits et
gestes du Domaine non plus que des autres administrations
ou agents du Gouvernement en Algérie, cependant, nous
inspirant de nos sentiments de Français, nous n'hésitons
pas à soutenir le Domaine contre quiconque voudrait aban-
donner aux Indigènes toutes les réserves territoriales de
l'État. Cet abandon, les Arabes étant déjà pourvus de terres
au-delà de leurs besoins, attesterait un oubli déplorable du
droit et de l'intérêt national. Aujourd'hui le Domaine
possède encore 900,000 hectares provenant de l'ancien
Beylick. M. le Ministre d'État, parlant au nom de l'Empereur, l'a formellement déclaré en 1863, lors du Sénatus-
Consulte qui a rendu les Indigènes propriétaires incommu-
tables du reste du sol algérien, et il a fait réserve expres-
se de ces 900,000 hectares en faveur de la colonisation.
Ce serait l'unique ressource qu'aurait gardée la France, pour
l'expansion, soit de la race européenne, soit de la race
kabyle.

Et ici, qu'il nous soit permis de réclamer en faveur de
cette race, la vraie race indigène, aujourd'hui refoulée dans
ses montagnes qui ne peuvent plus la contenir, race fière
et laborieuse, beaucoup plus rapprochée de la nôtre par son
caractère, par ses aptitudes, comme par son organisation
sociale, que les Arabes asiatiques, ses ennemis séculaires.
Nous n'ajoutons qu'un mot : lors de la dernière insurrection, pas un Kabyle engagé sous notre drapeau ne nous a
trahis ; et l'on sait ce qu'on fait les Arabes !

Nous ne doutons pas, Monsieur le Maréchal, que vous
n'appuiiez de toutes vos forces, comme un acte de bonne
politique, autant que de réparation, toute mesure qui
tendrait à favoriser l'expansion de la race kabyle.

La population algérienne, Monsieur le Gouverneur, attend avec impatience la nouvelle de la constitution de la *Société Générale Algérienne* créée par la loi du 12 Juillet 1865. Rien ne prouve jusqu'à ce jour qu'elle existe, et cependant le crédit de l'Algérie, aux yeux de l'opinion publique française, dépend en quelque sorte de son existence. C'est par là, en effet qu'on pourra juger des intentions du Gouvernement à notre endroit ; car, si des obstacles retardent la constitution de la compagnie Frémy et Talabot, il est hors de doute que ces obstacles ne sont pas dans la nature des choses, et qu'il dépend du Gouvernement de les lever, quand il voudra.

De sérieuses conférences à ce sujet, comme à plusieurs autres, ont eu lieu dans votre palais, Monsieur le Gouverneur. Apparemment on est tombé d'accord pour appliquer aux routes les ressources les plus considérables dont on pourra disposer. Sans les routes, il n'y a ni exploitations agricoles, ni chemins de fer possibles ; sans une bonne viabilité, l'Algérie, ouverte aux libres importations, sera hors d'état de lutter avec les producteurs étrangers. Quoi qu'il en soit, sur tout ce qui se passe, la population algérienne en est réduite aux hypothèses. De ces conférences, de ces études, de ces projets, elle ne sait rien ou presque rien.

Que Votre Excellence nous permette de le lui dire, à nous qui avons accueilli avec tant d'espoir sa venue en Algérie : laisser sa population dans cette ignorance, c'est lui faire supposer chez ses administrateurs une indifférence qui ne saurait exister et lui faire sentir durement qu'elle a été privée de toute participation au maniement de ses propres affaires. Cette incertitude et cette ignorance sont encore de nature, le public travailleur le ressent tous les jours davantage, à paralyser toute transaction et toute entreprise.

Permettez-nous, Monsieur le Gouverneur, de poser également les vœux de la population en ce qui touche l'instruction publique. S'il est un moyen, avec la constitution des héritages privés et la liberté des transactions, de *rapprocher les races* autrement que sur le papier, c'est incontestablement la diffusion de l'instruction publique, mais de l'instruction publique commune.

Nous constatons avec regret que ces vœux de rapprochement, qui, malgré certaines nuances, sont aussi ceux de l'Empereur, sont gravement contrecarrés par une tendance à créer des écoles exclusivement musulmanes.

Nous sommes particulièrement frappés du principe vicieux du *Collége Arabe* d'Alger. Là sont réunis des fils de chefs venus des trois provinces. Un lien dangereux se trouve ainsi établi entre les Indigènes des diverses parties de l'Algérie, qui, dans le passé, ne se connaissaient même pas. Ces enfants, rentrés dans leurs familles, se connaîtront et, au besoin, se retrouveront un jour dans une pensée d'hostilité commune contre la France. Car, ne nous flattons pas que les quelques points de contact qui résultent de la création d'un externat européen suffisent pour franciser ces jeunes indigènes.

Combien il serait plus politique et pfus fraternel à la fois, au lieu de les parquer ainsi, de les élever avec nos enfants. Par cette éducation commune, ils perdraient leurs traditions et leurs préjugés et deviendraient pour nous des amis. Au lieu de cela nous entretenons soigneusement la barrière intellectuelle et morale qui les sépare de nous, et l'enseignement arabe que nous leur faisons distribuer n'aboutit qu'à en faire pour l'avenir des ennemis perfectionnés.

Il existe pour nous un mystère. Nous ne savons comment expliquer l'écart qui se remarque entre les paroles et les faits. Tout le monde souhaite et demande le rapprochement des deux races, ce qui, sans doute, veut dire la fusion des intérêts et l'absorption du passé dans un état de choses nouveau, et, en même temps, nous trouvons des gens qui se flattent de voir constituer un Royaume arabe, idée qui serait précisément le contre-pied du rapprochement dont parle le discours du Trône. Cette espérance est inconcevable sans doute, et puérile, plus encore qu'anti-nationale ; mais enfin, il appartiendrait à une administration qui sait ce qu'elle veut, et où elle va, de ne pas laisser les idées s'embrouiller de la sorte.

On veut le rapprochement des races, et cependant, on maintient entre elles des distinctions et des barrières de toutes espèces. Point de liberté de transaction, point de liberté de circulation. Une sorte de cordon sanitaire sépare le territoire militaire du territoire civil. Il semble à peine croyable que les Arabes du territoire militaire qui occupe les cinq sixièmes au moins de l'Algérie habitable ne puissent pas venir en territoire civil où règne *un peu* plus de franchises, sans demander une autorisation au bureau arabe et sans payer un droit.

Les bureaux arabes, institution qui s'est formée au moyen d'empiétements successifs, se sont fait le centre des idées de séparation, d'isolement et de réaction. Quand l'Empereur tend à rapprocher et à unir ils tendent à diviser et à aigrir, (la dernière insurrection l'a trop prouvé, ce fait n'a pas échappé à l'Empereur dans sa lettre,) et, comme ils sont sur les lieux, et en possession d'un véritable absolutisme pratique, il arrive malheureusement que, dans la plupart des cas, c'est leur action qui l'emporte.

Ainsi, on veut le rapprochement des races, et on les isole pour tout ce qui regarde l'instruction et les transactions, et on subordonne les Arabes à un système de gouvernement sans garantie et sans frein, legs du gouvernement turc et profondément antipathique à nos mœurs ; et l'on réorganise la justice musulmane, de façon à l'isoler encore davantage de la justice française.

Où donc est l'application des principes émis par l'Empereur au début de sa lettre lorsqu'il dit que *les Européens doivent servir de guides et d'initiateurs aux indigènes, pour répandre chez eux les idées de morale et de justice, leur apprendre à écouler ou transformer les produits, réunir les capitaux, étendre le commerce...*

Dans tous les systèmes qui ont prévalu ou qui sont en voie d'application, rien n'est fait pour atteindre ce but; aucune place n'est laissée à l'influence et à l'initiation européennes. Au contraire, on les enserre, ainsi que la colonisation, dans un étroit périmètre. Bien plus, si la force d'expansion de la race européenne lui a fait dépasser cette limite, au mépris des droits acquis et au grand préjudice moral de la France, on voudrait la contraindre à se rabattre en arrière.

Grâce à ces tendances qui ont sévi à divers degrés depuis l'origine de la conquête, la race arabe est demeurée confinée dans sa misère et sa décrépitude. Nous la voyons avec tristesse dans nos villes, sous l'œil de l'administration, s'éteindre dans la prostitution et dans l'indigence.

Chose étrange! Ceux qui, en maintenant ainsi les Arabes dans leur isolement, aggravaient leur misère et précipitaient leur décadence, ont eu l'art de se faire passer aux yeux de la partie superficielle de l'opinion publique en France, pour les protecteurs de la race conquise, tandis que les colons en étaient représentés comme les ennemis et les *exploiteurs*. Tactique habile pour éterniser un système, renversement audacieux de toute vérité contre lequel nous protestons de toutes nos forces!

Disons le bien haut : quiconque propose des mesures propres à rapprocher les deux races, à mêler **les** intérêts, à mobiliser la propriété, à faire des indigènes un peuple de producteurs plutôt que des groupes de combattants, travaille à leur rédemption et à leur conservation. Quiconque cherche à les isoler et à les *spécialiser,* prépare leur extinction progressive et leur anéantissement.

La population a appris qu'un Conseiller de la Cour de

cassation était arrivé en Algérie, pour étudier la législation musulmane. Une commission d'enquête de treize membres, dont dix musulmans, à été formée. Pour que cette enquête fût sérieuse, ne conviendrait-il pas qu'elle fût publique ? En outre, les européens ne devraient-ils pas y être entendus ? Indépendamment de ce que beaucoup de Français possèdent le droit musulman mieux que les indigènes, il y a bien des questions, telles que les questions de propriété, d'hypothèques, de transcription, de crédit (question dont l'Empereur s'est montré si vivement préoccupé), qui intéressent à la fois les deux races et qui veulent être résolues de façon à concilier tous les intérêts. Si l'enquête qui se poursuit à huis clos devait aboutir à éloigner la race arabe de la justice française, ce serait, de la part de la France, une abdication déplorable de sa souveraineté ; car la plus haute expression de la souveraineté réside dans l'administration de la justice.

D'ailleurs, ce n'est pas seulement une enquête judiciaire que les circonstances réclament, mais une enquête générale, comme celle qui se fait en ce moment à la Jamaïque, qui permette à tous les vœux de se produire, à tous les abus de se révéler, à tous les droits de se faire entendre. La lettre de l'Empereur a été imprimée dix jours après son retour d'Algérie, dit l'avant-propos. Cette précipitation dans un travail qui touche à des questions si complexes et si capitales pour la France, indique assez que Sa Majesté entendait faire un appel à l'opinion publique. Une note du *Moniteur universel* est venue même inviter expressément la critique à se produire. Hé bien ! si l'on désire de la lumière, où en trouvera-t-on davantage que dans le pays même dont l'avenir est en jeu ?

Et puis enfin, les Français d'Algérie, qui, sur la parole de la France, ont engagé leur vie sans retour possible, pour rendre cette terre à jamais française, n'ont ils point quelque droit d'être entendus, lorsque leur avenir et celui de leurs familles se trouvent intimement lié à la prospérité générale de l'Algérie ?

Les bornes restreintes que nous nous sommes imposées ne nous permettent pas de nous appesantir sur plusieurs autres questions fort importantes, telles que la réduction des frais de justice et le rétablissement de la représentation algérienne au Corps Législatif.

Nous ne doutons pas, Monsieur le Gouverneur Général, que vous n'accordiez toute la considération possible aux vœux que nous venons d'exprimer. Loin d'être blessé de la franchise d'un pays qui s'affirme, vous songerez avec bienveillance et sympathie, qu'en dehors du monde officiel qui, seul, d'ordinaire, a la parole en Algérie, il existe des citoyens dignes d'être écoutés, inquiets du présent et de l'avenir.

Pour un caractère chevaleresque tel que le vôtre, c'est une responsabilité très-grave à encourir devant l'histoire, si, sous votre Gouvernement, il venait à être démontré que la France est incapable de fonder, de faire prospérer ou de laisser vivre une colonie.

Si, au contraire, après avoir été accueilli avec un élan de confiance et d'enthousiasme presque unique par toute une population, Votre Excellence prenait son point d'appui sur elle, au lieu de s'en laisser trop isoler par les circonstances et par un silence prolongé, si, fort, en outre, de l'autorité qui s'attache à votre nom, vous preniez ouvertement en main la cause de l'Algérie, nul doute que vous ne réussisiez à faire adopter toutes les mesures que la situation réclame. C'est un puissant levier que des intentions droites, la ferme volonté de faire le bien et le respect de l'opinion publique. Par vous, Monsieur le Gouverneur Général, la France pourrait faire faire un pas décisif à la rédemption des indigènes et au développement de la colonisation, deux termes inséparables l'un de l'autre ; et votre nom, illustré déjà par la gloire militaire, s'illustrerait encore par une gloire civile impérissable.

Alger, le 27 février 1866

G. ANDRIEUX. — ADOLPHE BERTHOUD, *propriétaire.* — JOLY, *ancien député, bâtonnier de l'ordre des avocats.* — U. RANC. — CÉSAR BERTHOLON, *Membre de la Société d'Agriculture, ancien représentant du peuple.* — *Docteur* DRU. — WAROT, *Président du tribunal de commerce.* — *Docteur* FEUILLET. — F. COLSON, *propriétaire au Mazafran.* — OLLIVIER. — *Docteur* FREY. — MALAPLATE. — PAUL BLANC. — GRIESS-TRAUT, *Membre de la Société d'Agriculture.*

Alger. Imp. centrale algérienne. — Eug. GARAUDEL et Cie. — Rue Bruce.